The Castle of Stars and Other Stories: Bilingual French-English Short Stories for French Language Learners

Coledown Bilingual Books

Published by Coledown Bilingual Books, 2023.

THE CASTLE OF STARS AND OTHER STORIES: BILINGUAL FRENCH-ENGLISH SHORT STORIES FOR FRENCH LANGUAGE LEARNERS

First edition. September 19, 2023.

ISBN: 979-8223670759

Written by Coledown Bilingual Books.

Table of Contents

Le Café de l'Âme Perdue

Dans l'ombre veloutée du crépuscule, au cœur de la vieille ville de Paris, se trouvait un endroit mystérieux connu sous le nom du "Café de l'Âme Perdue". Les âmes en quête de rédemption et de réconfort se réunissaient là, attirées par la promesse d'un refuge pour les cœurs brisés.

La propriétaire du café, une femme énigmatique du nom de Geneviève, était une conteuse hors pair. Elle avait vécu mille vies et avait traversé d'innombrables tempêtes émotionnelles. Elle avait connu l'amour passionné, la perte déchirante et la rédemption ultime. Ses yeux, profonds comme l'océan, racontaient des histoires silencieuses à ceux qui la regardaient.

Un soir, un homme solitaire nommé Henri entra dans le café, son âme lourde de regrets et de douleurs. Geneviève, voyant sa détresse, lui offrit une tasse de café noir. Ils se mirent à parler dans l'obscurité apaisante du café, échangeant des confidences et des souvenirs. Henri était un écrivain en quête d'inspiration, et Geneviève avait l'art de tisser des mots en poésie.

Au fil des semaines, leurs rencontres se transformèrent en une danse de l'âme. Henri écrivait des mots qui coulaient comme un fleuve impétueux, inspiré par la sagesse et la chaleur de Geneviève. Elle lui avait donné la clé pour guérir son cœur meurtri.

Finalement, Henri acheva son roman, une œuvre magnifique imprégnée de l'esprit du Café de l'Âme Perdue. Le livre devint un succès retentissant, touchant les cœurs de millions de lecteurs. Mais pour Henri, le véritable trésor était la guérison de son âme, trouvée dans le café et les mots de Geneviève.

À la fin de cette histoire, Geneviève disparut mystérieusement, comme si elle avait accompli sa mission sur cette terre. Le Café de l'Âme Perdue continua d'exister en tant que havre pour les âmes en peine, mais nul ne revit jamais Geneviève.

Et ainsi, les histoires et les légendes du Café de l'Âme Perdue furent transmises de génération en génération, un rappel intemporel que parfois, dans les coins les plus sombres de la vie, on peut trouver la lumière de la guérison et de la rédemption.

The Café of the Lost Soul

In the velvety shadow of twilight, nestled in the heart of the old city of Paris, there was a mysterious place known as the "Café of the Lost Soul." Souls in search of redemption and solace gathered there, drawn by the promise of a refuge for broken hearts.

The owner of the café, a mysterious woman named Geneviève, was a masterful storyteller. She had lived a thousand lives and weathered countless emotional storms. She had known passionate love, heart-wrenching loss, and ultimate redemption. Her eyes, as deep as the ocean, told silent stories to those who looked upon her.

One evening, a lonely man named Henri walked into the café, his soul heavy with regrets and pain. Geneviève, sensing his distress, offered him a cup of black coffee. They began to converse in the soothing darkness of the café, exchanging confidences and memories. Henri was a writer in search of inspiration, and Geneviève had the art of weaving words into poetry.

Over the weeks, their meetings evolved into a dance of the soul. Henri wrote words that flowed like a mighty river, inspired by the wisdom and warmth of Geneviève. She had given him the key to heal his wounded heart.

Eventually, Henri completed his novel, a magnificent work infused with the spirit of the Café of the Lost Soul. The book became a resounding success, touching the hearts of millions of readers. But for Henri, the true treasure was the healing of his soul, found in the café and Geneviève's words.

At the end of this tale, Geneviève mysteriously disappeared, as if she had fulfilled her mission on this earth. The Café of the Lost Soul continued to exist as a haven for troubled souls, but Geneviève was never seen again.

And so, the stories and legends of the Café of the Lost Soul were passed down from generation to generation, a timeless reminder that sometimes, in the darkest corners of life, one can find the light of healing and redemption.

La Mélodie des Étoiles

Au cœur d'un petit village niché dans les montagnes françaises, vivait une jeune fille nommée Élise. Elle était une rêveuse, les yeux constamment levés vers le ciel étoilé. Chaque nuit, elle se perdait dans la contemplation des étoiles, imaginant les histoires qu'elles racontaient.

Un soir, alors qu'elle observait le ciel, une étoile filante traversa la voûte céleste. Élise décida de faire un vœu, un vœu qui changerait sa vie à jamais. Elle souhaita que la musique puisse guider son existence, que chaque note qu'elle jouerait sur son violon puisse capturer la beauté des étoiles.

Le lendemain matin, Élise découvrit une vieille partition dans le grenier de sa maison. Elle était couverte de poussière, mais les notes étaient aussi pures que le firmament nocturne. Elle commença à jouer, et la mélodie qui s'échappa de son violon était magique. C'était comme si les étoiles elles-mêmes dansaient à travers sa musique.

Le village entendit parler du don musical d'Élise, et bientôt, elle fut invitée à jouer lors de rassemblements et de célébrations. Sa musique avait le pouvoir de guérir les âmes et d'apporter la joie à ceux qui l'écoutaient. Mais pour Élise, la musique n'était pas seulement une performance, c'était une communion avec les étoiles.

Un soir d'été, alors qu'elle jouait au sommet d'une colline surplombant le village, quelque chose de magique se produisit. Les étoiles brillèrent plus intensément, et une pluie d'étoiles filantes semblait danser au rythme de sa musique. Les habitants du village, émerveillés, regardaient le ciel et sentaient la magie de cette nuit inoubliable.

Au fil des années, Élise devint une légende dans le village. On disait qu'elle pouvait parler aux étoiles à travers sa musique. Elle continua à jouer jusqu'à la fin de sa vie, et on raconte que lorsqu'elle mourut, son dernier souffle devint une étoile qui brilla encore plus brillamment dans le ciel.

Ainsi se termina l'histoire d'Élise, la jeune fille qui avait transformé son vœu en une mélodie céleste, une mélodie qui avait réuni le village sous un ciel étoilé, pour écouter la musique des étoiles chaque nuit.

The Melody of the Stars

In the heart of a small village nestled in the French mountains, lived a young girl named Élise. She was a dreamer, her eyes constantly raised to the starry sky. Every night, she would lose herself in the contemplation of the stars, imagining the stories they told.

One evening, as she gazed at the sky, a shooting star streaked across the celestial vault. Élise decided to make a wish, a wish that would change her life forever. She wished for music to guide her existence, for every note she played on her violin to capture the beauty of the stars.

The next morning, Élise discovered an old sheet of music in the attic of her house. It was covered in dust, but the notes were as pure as the nighttime firmament. She began to play, and the melody that flowed from her violin was magical. It was as if the stars themselves were dancing through her music.

The village heard about Élise's musical gift, and soon, she was invited to perform at gatherings and celebrations. Her music had the power to heal souls and bring joy to those who listened. But for Élise, music was not just a performance; it was a communion with the stars.

One summer evening, as she played on top of a hill overlooking the village, something magical happened. The stars shone more brightly, and a shower of shooting stars seemed to dance to the rhythm of her music. The villagers, in awe, gazed at the sky and felt the magic of that unforgettable night.

Over the years, Élise became a legend in the village. It was said that she could speak to the stars through her music. She continued to play until the end of her life, and it is told that when she passed away, her last breath became a star that shone even more brightly in the sky.

Thus ended the story of Élise, the young girl who had transformed her wish into a celestial melody, a melody that had brought the village together under a starry sky, to listen to the music of the stars every night.

L'Horloger des Rêves

Au cœur du vieux quartier de Montmartre à Paris, se tenait une petite boutique d'horlogerie appelée "L'Horloger des Rêves". Le propriétaire, un homme nommé Marcel, était un horloger renommé, mais son talent dépassait de loin la simple réparation de montres.

Marcel avait un don extraordinaire : il pouvait réparer et restaurer non seulement les montres, mais aussi les rêves. Les clients venaient de loin pour lui confier leurs rêves brisés, ceux qui s'étaient évanouis avec le temps. Marcel croyait que chaque rêve était comme une horloge, et il savait comment les remonter.

Un jour, une jeune femme nommée Amélie entra dans la boutique avec un vieux carnet rempli de rêves oubliés. Elle avait cessé de croire en eux depuis longtemps, mais l'espoir l'avait poussée à pousser la porte de Marcel. Elle lui raconta ses rêves d'enfance, ceux qui étaient restés coincés dans les méandres de sa mémoire.

Marcel écouta attentivement, puis prit le carnet entre ses mains usées par le temps. Il plongea dans les rêves d'Amélie avec une concentration profonde, comme s'il voyait les images qui dansaient dans sa tête. Ensuite, il entreprit un travail méticuleux, réparant chaque rêve comme s'il s'agissait d'une montre précieuse.

Les semaines passèrent, et Amélie retourna à la boutique, curieuse de savoir si Marcel avait réussi à raviver ses rêves. Quand il lui remit le carnet, elle le parcourut avec émotion. Chacun de ses rêves semblait avoir retrouvé sa vigueur et sa clarté. Les souvenirs de son enfance ressurgirent, et elle se sentit de nouveau connectée à cette part d'elle-même qu'elle avait perdue.

Marcel avait le pouvoir de donner vie aux rêves, de les restaurer dans toute leur splendeur. Amélie, reconnaissante, quitta la boutique en portant son carnet de rêves restaurés avec elle. Elle réalisa que les rêves étaient comme des horloges dans le temps, des précieuses reliques de qui nous sommes.

"L'Horloger des Rêves" continua de prospérer, et les gens de partout vinrent chercher l'expertise de Marcel pour raviver leurs rêves perdus. Sa boutique devint un lieu de réparation non seulement pour les montres, mais aussi pour les âmes brisées en quête de renouveau.

Et ainsi, l'horloger des rêves continua d'œuvrer dans l'ombre de Montmartre, rappelant à tous que même les rêves les plus anciens et les plus oubliés pouvaient retrouver leur éclat et leur pouvoir, grâce à la magie de la foi et de la persévérance.

The Dream Clockmaker

In the heart of the old Montmartre district in Paris stood a small watchmaking shop called "The Dream Clockmaker." The owner, a man named Marcel, was a renowned watchmaker, but his talent far exceeded mere watch repairs.

Marcel possessed an extraordinary gift: he could repair and restore not only watches but also dreams. Customers came from afar to entrust him with their shattered dreams, those that had faded with time. Marcel believed that every dream was like a clock, and he knew how to wind them up again.

One day, a young woman named Amélie entered the shop with an old notebook filled with forgotten dreams. She had long stopped believing in them, but hope had led her to push open Marcel's door. She told him about her childhood dreams, the ones that had remained trapped in the labyrinth of her memory.

Marcel listened attentively, then took the notebook in his time-worn hands. He delved into Amélie's dreams with deep concentration, as if he could see the images dancing in her mind. Then, he began meticulous work, repairing each dream as if it were a precious watch.

Weeks passed, and Amélie returned to the shop, curious to see if Marcel had succeeded in rekindling her dreams. When he handed her the notebook, she perused it with emotion. Each of her dreams seemed to have regained its vigor and clarity.

Memories of her childhood resurfaced, and she felt reconnected to that part of herself she had lost.

Marcel had the power to breathe life into dreams, to restore them to their full splendor. Amélie, grateful, left the shop carrying her notebook of rejuvenated dreams with her. She realized that dreams were like clocks in time, precious relics of who we are.

"The Dream Clockmaker" continued to thrive, and people from all over sought Marcel's expertise to revive their lost dreams. His shop became a place of restoration not only for watches but also for souls in search of renewal.

And so, the dream clockmaker continued to work in the shadows of Montmartre, reminding everyone that even the oldest and most forgotten dreams could regain their brilliance and power, thanks to the magic of faith and perseverance.

Le Peintre des Nuages

Dans un petit village au bord de la mer, vivait un artiste solitaire du nom d'Antoine. Son atelier était perché au sommet d'une colline surplombant l'océan, où il passait ses journées à peindre les ciels changeants.

Antoine avait un talent particulier pour capturer la beauté éphémère des nuages. Ses tableaux évoquaient des ciels tourmentés par la tempête, des ciels embrasés par le coucher du soleil, et des ciels paisibles bercés par la douce brise marine.

Chaque matin, Antoine montait à sa colline et observait le ciel avec un regard intense. Il avait développé une relation intime avec les nuages, comme s'ils étaient ses muses silencieuses. Il peignait avec passion, chaque coup de pinceau capturant l'âme des nuages.

Un jour d'été, alors qu'il était absorbé par son travail, Antoine entendit des rires joyeux au loin. Il se retourna pour voir une petite fille prénommée Léa, qui observait son tableau avec des yeux brillants. Elle lui demanda si elle pouvait lui poser une question.

"Comment faites-vous pour peindre les nuages si parfaitement ?" demanda Léa.

Antoine sourit et l'invita à s'asseoir à ses côtés. Il lui raconta comment il avait passé des années à étudier les nuages, comment il avait appris à ressentir leur mouvement et leur émotion. Il lui montra comment mélanger les couleurs pour capturer la douceur d'un nuage cotonneux ou la dramatique d'une tempête imminente.

Léa devint une élève enthousiaste, venant tous les jours après l'école pour apprendre de l'artiste des nuages. Antoine lui enseigna la patience et la persévérance nécessaires pour peindre les ciels changeants.

Les années passèrent, et Léa devint une talentueuse artiste à son tour. Elle peignait avec une grâce qui rappelait celle d'Antoine, mais avec une touche personnelle unique. Le village était désormais fier d'avoir deux peintres des nuages parmi ses habitants.

Un jour, Antoine réalisa qu'il était temps pour lui de passer le flambeau. Il offrit à Léa son dernier tableau, une représentation magnifique d'un ciel étoilé. Il lui dit : "Les nuages ont été mes amis et mes professeurs. Maintenant, ils seront les tiens."

Antoine se retira de son atelier, laissant Léa continuer son travail. Il savait que la passion pour les nuages perdurerait, transmise de génération en génération, dans ce petit village au bord de la mer.

Et ainsi, l'histoire de l'artiste des nuages fut tissée dans le tissu de la vie de ce village, une histoire de mentorat et de passion partagée, une histoire qui rappelait à tous que la beauté des nuages était un trésor à préserver et à transmettre.

The Cloud Painter

In a small seaside village, lived a solitary artist named Antoine. His studio was perched atop a hill overlooking the ocean, where he spent his days painting the ever-changing skies.

Antoine had a special talent for capturing the ephemeral beauty of clouds. His paintings evoked skies troubled by storms, skies ablaze with the sunset, and skies at peace caressed by the gentle sea breeze.

Every morning, Antoine would climb his hill and gaze at the sky with an intense look. He had developed an intimate relationship with the clouds, as if they were his silent muses. He painted with passion, each brushstroke capturing the soul of the clouds.

One summer day, while he was absorbed in his work, Antoine heard joyful laughter in the distance. He turned to see a little girl named Léa, who was observing his painting with bright eyes. She asked if she could ask him a question.

"How do you paint the clouds so perfectly?" Léa inquired.

Antoine smiled and invited her to sit beside him. He told her how he had spent years studying clouds, how he had learned to feel their movement and emotion. He showed her how to mix colors to capture the softness of a fluffy cloud or the drama of an impending storm.

Léa became an eager student, coming every day after school to learn from the cloud artist. Antoine taught her the patience and perseverance required to paint the ever-changing skies.

Years passed, and Léa became a talented artist in her own right. She painted with a grace reminiscent of Antoine's, but with a unique personal touch. The village was now proud to have two cloud painters among its residents.

One day, Antoine realized it was time for him to pass the torch. He gave Léa his final painting, a magnificent depiction of a starry sky. He told her, "The clouds have been my friends and teachers. Now, they will be yours."

Antoine retired from his studio, allowing Léa to continue her work. He knew that the passion for clouds would endure, passed down from generation to generation in this small seaside village.

And so, the story of the cloud artist was woven into the fabric of the village's life, a tale of mentorship and shared passion, a story that reminded everyone that the beauty of clouds was a treasure to be preserved and passed on.

Les Mystères du Plombier

La journée avait commencé comme toutes les autres à la Plomberie Dupont, une petite entreprise familiale nichée au cœur de la vieille ville de Lyon. La boutique, avec sa devanture en bois patiné et son enseigne en lettres dorées, était un repère bien connu pour tous ceux qui avaient besoin d'un plombier compétent. Mais derrière cette façade discrète se cachait bien plus que des tuyaux et des robinets.

Monsieur Dupont, le propriétaire de la plomberie, était un homme d'âge moyen aux cheveux poivre et sel, toujours vêtu d'une chemise propre et d'un pantalon en toile. Son visage affichait en permanence un air bienveillant, mais il avait une réputation bien méritée de résoudre des énigmes de plomberie que d'autres avaient abandonnées.

Ce matin-là, il accueillit une cliente du nom de Madame Leclerc, une femme élégante dans la cinquantaine, avec des cheveux grisonnants et une voix douce. Elle était visiblement contrariée par un problème de fuite d'eau dans sa cuisine.

"Monsieur Dupont," dit-elle d'un ton préoccupé, "j'ai cette fichue fuite depuis des semaines, et personne d'autre n'a réussi à la réparer. J'ai entendu dire que vous étiez le meilleur."

Monsieur Dupont lui adressa un sourire rassurant. "Ne vous inquiétez pas, Madame Leclerc. Nous allons résoudre ce problème pour vous. Suivez-moi, s'il vous plaît."

Il la conduisit à la cuisine, où il inspecta attentivement l'évier et les tuyaux. Il se mit au travail avec une aisance qui montrait une grande expérience. Pendant qu'il travaillait, Madame Leclerc l'observait avec curiosité.

"Faites-moi part de votre secret, Monsieur Dupont," demanda-t-elle. "Comment savez-vous toujours exactement où chercher les problèmes ?"

Monsieur Dupont continua à travailler tout en expliquant sa philosophie de plomberie. "Vous voyez, Madame Leclerc, la plomberie est un peu comme la vie elle-même. Il faut de la patience, de l'observation, et parfois, il faut creuser un peu plus profondément pour trouver la source du problème. Chaque tuyau, chaque raccordement a son histoire à raconter, et il suffit d'être à l'écoute pour comprendre."

Madame Leclerc était impressionnée. "Vous parlez comme un véritable détective de la plomberie, Monsieur Dupont."

Il rit doucement. "Eh bien, il y a un peu de détective en moi, c'est vrai. La plomberie est ma passion, et je suis déterminé à résoudre chaque mystère qui se présente à moi."

Après quelques minutes, Monsieur Dupont avait trouvé la source de la fuite et l'avait réparée avec expertise. Madame Leclerc était ravie. "Monsieur Dupont, vous êtes vraiment un magicien de la plomberie. Je vous en suis infiniment reconnaissante."

Il sourit humblement. "Ce fut un plaisir de vous aider, Madame Leclerc. N'oubliez pas, nous sommes toujours là quand vous avez besoin de nous."

Madame Leclerc quitta la plomberie avec un sentiment de soulagement, tandis que Monsieur Dupont, fidèle à sa philosophie, s'apprêtait à affronter d'autres mystères de la plomberie qui l'attendaient.

Un après-midi d'automne, un client du nom de Monsieur Lefebvre se présenta à la Plomberie Dupont. Il était un homme d'âge moyen, portant un costume soigné et un air préoccupé.

"Monsieur Dupont," commença-t-il, "j'ai un problème vraiment inhabituel à vous soumettre. Ma maison est hantée par des bruits de tuyaux la nuit, et personne n'arrive à expliquer d'où ils viennent. C'est devenu insupportable."

Monsieur Dupont, toujours prêt à relever un défi, écouta attentivement le récit de Monsieur Lefebvre. Il pouvait voir l'inquiétude dans les yeux de son client.

"Je comprends votre préoccupation, Monsieur Lefebvre. Nous allons résoudre ce mystère ensemble. Permettez-moi de venir chez vous ce soir pour enquêter."

Monsieur Lefebvre accepta avec soulagement, et Monsieur Dupont se rendit à sa maison après la tombée de la nuit. Il avait emporté avec lui une lampe de poche, un carnet et un crayon, prêt à noter chaque détail.

Alors qu'ils se tenaient silencieusement dans le salon sombre, ils entendirent soudain un bruit étrange provenant du mur. C'était comme un gémissement, suivi d'un grondement sourd.

Monsieur Lefebvre frissonna. "Vous entendez ça, Monsieur Dupont ? C'est ce genre de bruits qui me tiennent éveillé la nuit."

Monsieur Dupont examina le mur attentivement, passant sa main le long des plinthes et des moulures. Soudain, il s'arrêta et sourit.

"J'ai trouvé notre premier indice," annonça-t-il. "Ces bruits ne sont pas surnaturels, Monsieur Lefebvre. Ils proviennent d'une vieille canalisation en cuivre derrière ce mur. Elle doit être fortement corrodée et se dilate la nuit en raison des variations de température. C'est ce qui crée ces sons étranges."

Monsieur Lefebvre fut stupéfait. "Vous voulez dire que ma maison n'est pas hantée ?"

Monsieur Dupont rit doucement. "Pas par des esprits, en tout cas. Mais nous devrons remplacer cette vieille canalisation pour que vous puissiez dormir en paix."

Au fil des heures, Monsieur Dupont et son équipe remplacèrent la canalisation défectueuse, mettant fin aux bruits troublants qui avaient tourmenté Monsieur Lefebvre. Celui-ci était extrêmement reconnaissant.

"Monsieur Dupont, vous êtes un véritable sauveur. Je ne saurais jamais comment vous remercier."

Monsieur Dupont secoua la main de son client. "C'est notre travail, Monsieur Lefebvre. Nous sommes là pour résoudre tous les mystères de la plomberie, même ceux qui semblent surnaturels."

Monsieur Lefebvre sourit, sachant désormais qu'il pouvait enfin dormir en paix, sans craindre les bruits de tuyaux nocturnes.

Un autre jour, un appel urgent parvint à la Plomberie Dupont. C'était Madame Martin, une femme d'âge moyen, dont la salle de bain avait mystérieusement disparu. Elle était dans un état de panique totale.

Monsieur Dupont, toujours prêt à venir en aide aux gens, se rendit chez elle immédiatement. À son arrivée, Madame Martin était en larmes.

"Monsieur Dupont, ma salle de bain était là hier soir, et ce matin, elle a disparu. Il n'y a qu'un mur là où elle était. Comment est-ce possible ?"

Monsieur Dupont prit une profonde inspiration et examina attentivement la pièce. Il marcha autour du mur apparemment solide où se trouvait autrefois la salle de bain, frappant la surface avec ses doigts.

"Madame Martin," dit-il d'une voix calme, "ce mur n'est pas réel. Il s'agit d'une illusion d'optique créée par des panneaux de bois. Quelqu'un a voulu vous faire croire que la salle de bain avait disparu."

Madame Martin était confuse. "Mais pourquoi quelqu'un ferait-il une chose pareille ?"

Monsieur Dupont réfléchit un instant. "C'est ce que nous allons découvrir. Permettez-moi de creuser un peu plus profondément."

Avec l'aide de ses ouvriers, Monsieur Dupont entreprit de démonter le mur illusoire. Derrière lui, ils découvrirent une salle de bain parfaitement intacte. C'était comme si quelqu'un avait construit un faux mur pour cacher la véritable salle de bain.

Monsieur Dupont observa les carreaux et les robinets, puis s'agenouilla près de la baignoire. Il repéra une petite caméra cachée dans un coin.

"Madame Martin, nous avons trouvé le coupable. Quelqu'un vous espionnait à travers cette caméra cachée. C'est pour cela qu'ils ont créé l'illusion de la salle de bain disparue."

Madame Martin était choquée. "Mais qui ferait une chose pareille ?"

Monsieur Dupont examina la caméra et trouva un petit indice qui allait les mener au coupable. C'était une étiquette avec le nom d'une entreprise de plomberie concurrente.

"Nous avons notre réponse, Madame Martin. Je vais signaler cette affaire aux autorités, et nous allons mettre fin à cette intrusion dans votre vie privée."

Grâce à l'expertise de Monsieur Dupont, le responsable de l'espionnage fut rapidement identifié et arrêté. Madame Martin pouvait enfin retrouver sa tranquillité d'esprit, sachant que sa salle de bain n'était pas vraiment disparue.

Au fil des années, la Plomberie Dupont devint de plus en plus célèbre pour sa capacité à résoudre les mystères de la plomberie les plus complexes. Monsieur Dupont et son équipe étaient devenus des légendes dans leur domaine, et les clients venaient de loin pour bénéficier de leurs services.

Un jour, un homme mystérieux nommé Monsieur Moreau demanda l'aide de Monsieur Dupont. Il était propriétaire d'une vieille maison du XVIIIe siècle qui avait été transformée en musée d'art. Cependant, depuis quelques mois, une énigme étrange avait frappé son établissement.

Chaque nuit, des tableaux précieux disparaissaient des murs du musée pour réapparaître le matin suivant, exactement à leur place. Monsieur Moreau était perplexe et ne pouvait pas expliquer ces mystérieux vols.

Monsieur Dupont accepta le défi et se rendit au musée après la fermeture. Il passa la nuit à surveiller chaque tableau, se cachant dans l'ombre comme un détective en embuscade.

Au milieu de la nuit, il entendit un léger grincement suivi du son de pas étouffés. Il se glissa silencieusement dans la pièce adjacente et découvrit un petit passage secret dissimulé derrière un tableau. Il le suivit avec précaution.

Le passage le conduisit à une pièce secrète remplie de tableaux volés. Il observa un homme habillé en noir, portant un masque et des gants, en train de replacer les tableaux sur les murs.

Monsieur Dupont se révéla, et l'homme sursauta de surprise. "Qui êtes-vous ?" demanda-t-il d'une voix tremblante.

Monsieur Dupont se présenta calmement. "Je suis Monsieur Dupont, le plombier qui résout les mystères. Vous, monsieur, êtes un voleur d'art bien audacieux."

L'homme avoua tout, expliquant qu'il avait utilisé ses compétences de plombier pour accéder au musée et déplacer les tableaux pendant la nuit. Il avait ensuite revendu les œuvres d'art pour un profit considérable.

Monsieur Moreau était reconnaissant à Monsieur Dupont de lui avoir rendu ses précieuses œuvres d'art. Il avait également gagné une nouvelle appréciation pour l'art de la plomberie, reconnaissant que Monsieur Dupont était bien plus qu'un simple plombier.

La Plomberie Dupont continua à prospérer, résolvant les mystères de la plomberie et bien plus encore. Monsieur Dupont avait acquis une réputation inégalée en tant que résolveur de mystères, et il n'y avait aucun problème de plomberie qu'il ne puisse pas résoudre.

Un jour, un homme entra dans la plomberie avec un regard préoccupé. "Monsieur Dupont," dit-il, "j'ai un problème étrange. Ma baignoire se remplit d'eau rouge chaque nuit, et je ne peux pas expliquer pourquoi."

Monsieur Dupont accepta le défi et se rendit chez l'homme. Après une inspection minutieuse, il découvrit qu'une vieille conduite d'eau rouillée était la source du problème. L'eau se mélangeait à la rouille, créant ainsi l'eau rouge.

Un autre client, une femme âgée, avait des toilettes qui semblaient se déboucher mystérieusement chaque nuit. Monsieur Dupont découvrit qu'une petite créature des égouts s'était infiltrée dans la tuyauterie et causait des blocages.

Ainsi, les mystères de la plomberie semblaient sans fin, mais Monsieur Dupont les résolvait tous avec grâce et compétence. Sa plomberie était devenue un lieu de confiance pour ceux qui avaient besoin d'aide, que ce soit pour des problèmes de plomberie ou pour des énigmes plus complexes.

La Plomberie Dupont était devenue bien plus qu'une entreprise de plomberie. C'était devenu un endroit où les mystères étaient résolus, où la vie quotidienne se transformait en une série d'aventures captivantes, et où Monsieur Dupont était le héros incontesté.

The Mysteries of the Plumber

The day had started like any other at Dupont Plumbing, a small family-owned business nestled in the heart of the old town of Lyon. The shop, with its weathered wooden façade and gold-lettered sign, was a well-known spot for anyone in need of a skilled plumber. But behind this unassuming exterior lay much more than pipes and faucets.

Mr. Dupont, the owner of the plumbing business, was a middle-aged man with salt-and-pepper hair, always dressed in a clean shirt and canvas trousers. His face wore a perpetually kind expression, but he had a well-earned reputation for solving plumbing mysteries that others had given up on.

That morning, he welcomed a customer by the name of Mrs. Leclerc, an elegant woman in her fifties with graying hair and a soft voice. She was visibly troubled by a water leak issue in her kitchen.

"Mr. Dupont," she began with concern, "I've had this wretched leak for weeks, and no one else has been able to fix it. I heard you're the best."

Mr. Dupont gave her a reassuring smile. "Don't worry, Mrs. Leclerc. We'll solve this problem for you. Please, follow me."

He led her to the kitchen, where he carefully inspected the sink and pipes. He went to work with an ease that showed great experience. As he worked, Mrs. Leclerc watched him curiously.

"Tell me your secret, Mr. Dupont," she asked. "How do you always know exactly where to look for problems?"

Mr. Dupont continued working while explaining his plumbing philosophy. "You see, Mrs. Leclerc, plumbing is a bit like life itself. It takes patience, observation, and sometimes, you have to dig a little deeper to find the source of the problem. Each pipe, each connection has a story to tell, and all it takes is to listen."

Mrs. Leclerc was impressed. "You speak like a true plumbing detective, Mr. Dupont."

He chuckled. "Well, there's a bit of a detective in me, that's true. Plumbing is my passion, and I'm determined to solve every mystery that comes my way."

After a few minutes, Mr. Dupont had found the source of the leak and expertly repaired it. Mrs. Leclerc was delighted. "Mr. Dupont, you're truly a plumbing magician. I'm immensely grateful to you."

He humbly smiled. "It was a pleasure to help you, Mrs. Leclerc. Remember, we're always here when you need us."

Mrs. Leclerc left the plumbing shop with a sense of relief, while Mr. Dupont, true to his philosophy, prepared to face other plumbing mysteries awaiting him.

One autumn afternoon, an urgent call reached Dupont Plumbing. It was Mr. Lefebvre, a middle-aged man dressed neatly and looking troubled.

"Mr. Dupont," he began, "I have a truly unusual problem to present to you. My house is haunted by plumbing sounds at night, and no one can explain where they come from. It's become unbearable."

Mr. Dupont, always ready for a challenge, listened carefully to Mr. Lefebvre's account. He could see the worry in his client's eyes.

"I understand your concern, Mr. Lefebvre. We will solve this mystery together. Allow me to come to your house tonight to investigate."

Mr. Lefebvre agreed with relief, and Mr. Dupont went to his house after nightfall. He had brought with him a flashlight, a notebook, and a pencil, ready to note every detail.

As they stood silently in the dimly lit living room, they suddenly heard a strange noise coming from the wall. It was like a moan, followed by a muffled rumble.

Mr. Lefebvre shivered. "Do you hear that, Mr. Dupont? It's these kinds of sounds that keep me awake at night."

Mr. Dupont examined the wall carefully, running his hand along the baseboards and moldings. Suddenly, he stopped and smiled.

"I've found our first clue," he announced. "These sounds are not supernatural, Mr. Lefebvre. They come from an old copper pipe behind this wall. It must be heavily corroded and expands at night due to temperature variations. That's what creates these strange noises."

Mr. Lefebvre was astonished. "You mean my house isn't haunted?"

Mr. Dupont chuckled. "Not by spirits, at least. But we'll have to replace that old pipe for you to sleep peacefully."

Over the next few hours, Mr. Dupont and his team replaced the faulty pipe, putting an end to the troubling plumbing noises that had haunted Mr. Lefebvre. He was extremely grateful.

"Mr. Dupont, you're a true savior. I'll never know how to thank you."

Mr. Dupont shook his client's hand. "It's our job, Mr. Lefebvre. We're here to solve all plumbing mysteries, even those that seem supernatural."

Mr. Lefebvre smiled, now knowing that he could finally sleep in peace, without fearing the nightly plumbing sounds.

On another day, an urgent call reached Dupont Plumbing. It was Mrs. Martin, a middle-aged woman whose bathroom had mysteriously disappeared. She was in a state of panic.

Mr. Dupont, always ready to help people, immediately went to her house. Upon his arrival, Mrs. Martin was in tears.

"Mr. Dupont," she said, "my bathroom was there last night, and this morning, it's gone. There's only a wall where it used to be. How is that possible?"

Mr. Dupont took a deep breath and carefully examined the room. He walked around the seemingly solid wall where the bathroom once stood, tapping the surface with his fingers.

"Mrs. Martin," he said calmly, "this wall isn't real. It's an optical illusion created by wooden panels. Someone wanted you to believe the bathroom had vanished."

Mrs. Martin was confused. "But why would anyone do such a thing?"

Mr. Dupont pondered for a moment. "That's what we're going to find out. Allow me to dig a bit deeper."

With the help of his workers, Mr. Dupont began dismantling the illusory wall. Behind it, they discovered a perfectly intact bathroom. It was as if someone had built a fake wall to hide the real bathroom.

Mr. Dupont examined the tiles and faucets, then knelt beside the bathtub. There, he spotted a small hidden camera in a corner.

"Mrs. Martin, we've found the culprit. Someone was spying on you through this hidden camera. That's why they created the illusion of the disappearing bathroom."

Mrs. Martin was shocked. "But who would do such a thing?"

Mr. Dupont examined the camera and found a small clue that would lead them to the culprit. It was a label with the name of a competing plumbing company.

"We have our answer, Mrs. Martin. I'll report this to the authorities, and we'll put an end to this intrusion into your privacy."

Thanks to Mr. Dupont's expertise, the person responsible for the spying was quickly identified and arrested. Mrs. Martin could finally regain her peace of mind, knowing that her bathroom hadn't truly disappeared.

Over the years, Dupont Plumbing became increasingly famous for its ability to solve even the most complex plumbing mysteries. Mr. Dupont and his team had become legends in their field, and clients came from far and wide to avail themselves of their services.

One day, a mysterious man named Mr. Moreau sought Mr. Dupont's help. He owned an old 18th-century house that had been converted into an art museum. However, for the past few months, a strange enigma had plagued his establishment.

Every night, precious paintings would vanish from the museum's walls only to reappear the following morning, exactly in their original places. Mr. Moreau was perplexed and couldn't explain these mysterious thefts.

Mr. Dupont accepted the challenge and went to the museum after closing hours. He spent the night watching each painting, hiding in the shadows like a vigilant detective.

In the middle of the night, he heard a faint creaking followed by muffled footsteps. He silently slipped into the adjacent room and discovered a small hidden passage behind a painting. He cautiously followed it.

The passage led him to a secret room filled with stolen paintings. There, he saw a man dressed in black, wearing a mask and gloves, putting the paintings back on the walls.

Mr. Dupont revealed himself, and the man jumped in surprise. "Who are you?" he asked, his voice trembling.

Mr. Dupont introduced himself calmly. "I am Mr. Dupont, the plumber who solves mysteries. You, sir, are a bold art thief."

The man confessed to everything, explaining that he had used his plumbing skills to gain access to the museum and move the paintings during the night. He had then sold the artworks for a considerable profit.

Mr. Moreau was grateful to Mr. Dupont for recovering his precious artworks. He had also gained a newfound appreciation for the art of plumbing, realizing that Mr. Dupont was much more than just a plumber.

Dupont Plumbing continued to thrive, solving plumbing mysteries and more. Mr. Dupont had earned an unparalleled reputation as a mystery solver, and there was no plumbing problem he couldn't resolve.

One day, a man walked into the plumbing shop with a worried look. "Mr. Dupont," he said, "I have a strange problem. My bathtub fills with red water every night, and I can't explain why."

Mr. Dupont accepted the challenge and went to the man's home. After a thorough inspection, he discovered that an old rusted water pipe was the source of the problem. Water was mixing with the rust, creating the red water.

Another client, an elderly woman, had toilets that seemed to unclog mysteriously every night. Mr. Dupont found that a small sewer creature had infiltrated the plumbing and was causing blockages.

Thus, plumbing mysteries seemed endless, but Mr. Dupont solved them all with grace and skill. His plumbing shop had become a place of trust for those in need, whether it was for plumbing issues or more complex enigmas.

Dupont Plumbing had become more than just a plumbing business. It had become a place where mysteries were unraveled, where everyday life turned into a series of captivating adventures, and where Mr. Dupont was the undisputed hero.

Le Jardin des Lucioles

Au cœur d'une forêt dense, caché parmi les arbres centenaires et les ruisseaux murmureurs, se trouvait un endroit enchanté connu sous le nom de "Le Jardin des Lucioles". C'était un lieu magique où les lucioles dansaient chaque nuit, illuminant l'obscurité de leurs lueurs dorées.

Le gardien du jardin était un homme sage nommé Julien. Il avait passé sa vie à veiller sur les lucioles, à apprendre leurs secrets et à comprendre leur langage silencieux. Pour lui, les lucioles étaient bien plus que de simples insectes lumineux ; elles étaient les gardiennes des rêves et des espoirs.

Chaque soir, Julien se rendait au Jardin des Lucioles pour observer le spectacle de lumière. Les lucioles volaient en formation, créant des motifs éblouissants dans l'obscurité. Leurs lumières semblaient raconter des histoires anciennes, des histoires d'amour et d'aventures.

Un jour, une jeune femme du nom d'Aurélie découvrit l'existence du Jardin des Lucioles. Fascinée par les récits qu'elle avait entendus, elle décida de se rendre dans la forêt pour le voir de ses propres yeux. Là, elle rencontra Julien, le gardien du jardin, qui lui expliqua le pouvoir mystérieux des lucioles.

Aurélie revint souvent au jardin, s'émerveillant devant le ballet magique des lucioles. Elle commença à passer du temps avec Julien, apprenant de lui tout ce qu'il savait sur les lucioles. Ils se lièrent d'amitié et bientôt, un sentiment plus profond grandit entre eux.

Julien et Aurélie décidèrent de préserver le jardin et son trésor lumineux. Ils veillèrent à ce que personne ne vienne perturber les lucioles ou détruire leur habitat. Leur amour pour les lucioles devint une force qui les unissait et les guidait.

Les années passèrent, et Julien et Aurélie continuèrent à veiller sur le Jardin des Lucioles. Ils se marièrent au milieu de la forêt, entourés des doux éclats des lucioles. Leur amour était comme les lueurs dorées des lucioles, doux et lumineux, éclairant leur vie de manière magique.

Et ainsi, l'histoire du Jardin des Lucioles fut tissée dans la forêt, une histoire de beauté, de connexion avec la nature, et de l'amour qui éclaire nos vies, tout comme les lueurs scintillantes des lucioles dans la nuit.

The Garden of Fireflies

In the heart of a dense forest, hidden among ancient trees and murmuring streams, lay an enchanted place known as "The Garden of Fireflies." It was a magical spot where fireflies danced every night, illuminating the darkness with their golden glows.

The guardian of the garden was a wise man named Julien. He had spent his life watching over the fireflies, learning their secrets, and understanding their silent language. To him, fireflies were much more than mere luminous insects; they were the guardians of dreams and hopes.

Every evening, Julien would visit the Garden of Fireflies to witness the light show. The fireflies flew in formation, creating dazzling patterns in the darkness. Their lights seemed to tell ancient stories, stories of love and adventures.

One day, a young woman named Aurélie discovered the existence of the Garden of Fireflies. Fascinated by the tales she had heard, she decided to venture into the forest to see it with her own eyes. There, she met Julien, the guardian of the garden, who explained to her the mysterious power of the fireflies.

Aurélie returned to the garden often, marveling at the magical ballet of fireflies. She began to spend time with Julien, learning from him everything he knew about the fireflies. They formed a friendship, and soon, a deeper feeling grew between them.

Julien and Aurélie decided to preserve the garden and its luminous treasure. They made sure that no one would disturb the fireflies or destroy their habitat. Their love for the fireflies became a force that united and guided them.

Years passed, and Julien and Aurélie continued to watch over the Garden of Fireflies. They got married in the midst of the forest, surrounded by the gentle glimmers of the fireflies. Their love was like the golden glows of the fireflies, soft and luminous, lighting up their lives in a magical way.

And so, the story of the Garden of Fireflies was woven into the forest, a tale of beauty, connection with nature, and love that illuminates our lives, just like the sparkling lights of fireflies in the night.

Le Château des Étoiles

Au sommet d'une colline escarpée, entourée d'un paysage vallonné et de vastes champs, se dressait un château majestueux. On l'appelait "Le Château des Étoiles" parce que chaque nuit, ses tours s'illuminaient comme des étoiles dans le ciel.

La propriétaire du château était une femme mystérieuse nommée Isabella. Elle était connue dans tout le royaume pour sa beauté et son charme, mais elle était encore plus célèbre pour les légendaires fêtes qu'elle organisait dans son château. Ces fêtes étaient attendues avec impatience par les nobles et les roturiers, car elles étaient réputées pour être les plus somptueuses et magiques de toutes.

Chaque année, lors de la nuit la plus étoilée de l'été, Isabella ouvrait les portes de son château pour célébrer le "Bal des Étoiles." Des invités de tous horizons se rassemblaient pour participer à cette fête extraordinaire. Les jardins du château étaient décorés de milliers de lanternes scintillantes, créant une ambiance féerique.

Le point culminant de la soirée était le moment où Isabella montait sur la terrasse la plus élevée du château. Là, elle invitait les invités à lever les yeux vers le ciel étoilé. Elle murmura des mots anciens et mystiques, et soudain, les étoiles semblaient descendre du ciel pour danser autour d'elle.

Les invités étaient émerveillés par cette magie, par la façon dont les étoiles semblaient répondre à Isabella, tourbillonnant et scintillant en une danse céleste. C'était comme si le château lui-même était connecté aux étoiles.

Un jeune homme nommé Victor assista au Bal des Étoiles pour la première fois. Il était fasciné par la beauté d'Isabella et la magie qui l'entourait. Au fil des années, il devint un ami proche de la dame du château, partageant sa passion pour les étoiles et sa quête de compréhension de leur mystère.

Un soir, alors qu'ils étaient seuls sur la terrasse du château, Isabella confia à Victor le secret de la magie des étoiles. Elle lui révéla qu'elle avait passé des années à étudier les étoiles et les constellations, à comprendre leurs mouvements et leurs énergies. Elle avait découvert comment établir un lien avec elles, comment les inviter à danser avec elle.

Victor fut émerveillé par cette révélation et décida de suivre les traces d'Isabella pour percer le mystère des étoiles. Il devint un astronome renommé et passa sa vie à étudier les étoiles, à les observer et à en percer les secrets.

Isabella continua à organiser le Bal des Étoiles chaque année, mais maintenant, elle n'était plus seule sur la terrasse du château. Victor l'accompagnait, et ensemble, ils dansaient avec les étoiles, partageant leur passion pour le ciel étoilé.

Le Château des Étoiles resta un lieu de légendes, où la magie des étoiles se mêlait à la beauté du château et à la sagesse d'Isabella et de Victor. Il rappelait à tous que la connexion avec le ciel pouvait nous emmener vers des horizons infinis et éclairer nos vies de manière mystérieuse et enchantée.

The Castle of Stars

At the top of a steep hill, surrounded by rolling countryside and vast fields, stood a majestic castle. It was known as "The Castle of Stars" because every night, its towers would light up like stars in the sky.

The owner of the castle was a mysterious woman named Isabella. She was known throughout the kingdom for her beauty and charm, but she was even more famous for the legendary parties she hosted in her castle. These parties were eagerly anticipated by nobles and commoners alike, as they were reputed to be the most sumptuous and magical of all.

Every year, on the most starry night of summer, Isabella would open the doors of her castle to celebrate the "Ball of the Stars." Guests from all walks of life would gather to partake in this extraordinary event. The castle gardens were adorned with thousands of twinkling lanterns, creating a fairy-tale atmosphere.

The highlight of the evening was when Isabella ascended to the highest terrace of the castle. There, she invited the guests to look up at the starry sky. She whispered ancient and mystical words, and suddenly, the stars seemed to descend from the sky to dance around her.

The guests were awestruck by this magic, by the way the stars seemed to respond to Isabella, swirling and sparkling in a celestial dance. It was as if the castle itself was connected to the stars.

A young man named Victor attended the Ball of the Stars for the first time. He was captivated by Isabella's beauty and the magic surrounding her. Over the years, he became a close friend of the lady of the castle, sharing her passion for the stars and her quest to understand their mystery.

One evening, while they were alone on the terrace of the castle, Isabella confided in Victor the secret of star magic. She revealed that she had spent years studying the stars and constellations, understanding their movements and energies. She had discovered how to establish a connection with them, how to invite them to dance with her.

Victor was amazed by this revelation and decided to follow in Isabella's footsteps to unlock the secrets of the stars. He became a renowned astronomer and spent his life studying the stars, observing them, and unraveling their mysteries.

Isabella continued to host the Ball of the Stars every year, but now, she was no longer alone on the terrace of the castle. Victor accompanied her, and together, they danced with the stars, sharing their passion for the starry sky.

The Castle of Stars remained a place of legends, where the magic of the stars blended with the beauty of the castle and the wisdom of Isabella and Victor. It reminded everyone that a connection with the sky could take us to infinite horizons and illuminate our lives in a mysterious and enchanted way.

Les Secrets de la Côte Bretonne

Margot Clément avait toujours été fascinée par la beauté sauvage de la côte bretonne. Originaire de Paris, elle avait décidé de prendre une pause bien méritée de sa vie citadine trépidante et de se rendre en Bretagne pour un séjour estival. Roscoff, une petite ville portuaire bretonne, était son choix de destination.

Lorsqu'elle arriva à Roscoff en train, Margot fut immédiatement séduite par l'atmosphère authentique de la ville. Les rues pavées étaient bordées de maisons en pierre aux toits de chaume, et l'air salin du littoral remplissait ses poumons. Elle avait réservé une petite chambre dans une maison d'hôtes pittoresque près du port.

Le premier soir, Margot se promena le long du port, regardant les bateaux de pêcheurs rentrer au port avec leur précieuse cargaison de fruits de mer frais. L'odeur de la mer et le son des vagues brisant doucement contre le rivage la remplirent d'une profonde sérénité.

Le lendemain matin, Margot décida de partir à la découverte des environs. Elle prit un chemin de randonnée qui longeait la côte rocheuse, offrant des vues spectaculaires sur l'océan Atlantique. Alors qu'elle marchait, elle remarqua un phare majestueux se dressant au sommet d'une falaise. Intriguée, elle décida de s'approcher pour l'admirer de plus près.

Lorsqu'elle arriva au phare, elle y découvrit un gardien, un homme au visage buriné par les intempéries de la mer. Il se présenta comme Pierre, gardien du phare depuis des décennies. Pierre était un homme silencieux, mais ses yeux bleus reflétaient une profonde connaissance de la mer et de ses mystères.

Margot passa de longues heures à discuter avec Pierre, écoutant ses histoires sur les tempêtes déchaînées, les légendes marines et les bateaux naufragés. Elle était captivée par ses récits et ressentait une étrange connexion avec cet homme solitaire.

Au fil des jours, Margot et Pierre devinrent amis. Ils partageaient des repas de fruits de mer frais et passaient des soirées à contempler les étoiles depuis le phare. Un soir, alors qu'ils discutaient de légendes locales, Pierre mentionna une vieille histoire de trésor perdu dans les eaux au large de la côte bretonne.

Selon la légende, un trésor mystérieux avait été caché par des pirates dans une grotte secrète il y a des siècles. On disait que la carte menant au trésor avait été divisée en trois morceaux, et chaque fragment avait été caché dans un endroit différent le long de la côte. Pierre avait toujours été obsédé par cette légende mais n'avait jamais osé la poursuivre.

Margot, avide d'aventure et intriguée par l'histoire, proposa de l'aider à retrouver les fragments de la carte et à percer le mystère du trésor. Pierre, initialement réticent, finit par accepter son offre, et tous deux se lancèrent dans une quête captivante.

Margot et Pierre passèrent des semaines à explorer la côte bretonne à la recherche des fragments de la carte du trésor. Ils escaladèrent des falaises abruptes, plongèrent dans des grottes cachées, et déchiffrèrent d'anciennes inscriptions sur des rochers. Chaque fragment découvert les rapprochait un peu plus de leur objectif.

Le premier fragment de la carte fut découvert dans une grotte isolée, derrière une cascade rugissante. Le second fragment était caché au sommet d'une falaise, près d'un ancien menhir celtique. Le dernier fragment, le plus difficile à trouver, se trouvait au fond de la mer, dans une grotte sous-marine. Margot et Pierre durent utiliser leur courage et leurs compétences en plongée pour le récupérer.

Lorsque les trois fragments furent enfin réunis, Margot et Pierre examinèrent attentivement la carte reconstituée. Elle indiquait un endroit précis sur la côte, non loin du phare où ils s'étaient rencontrés. Armés de pioches et de pelles, ils creusèrent profondément dans le sable près d'un vieux chêne, comme le suggérait la carte.

Après des heures d'efforts, leurs pelles heurtèrent quelque chose de dur. Ils dégagèrent prudemment le sable et découvrirent un coffre en bois orné de symboles pirates. Le moment était enfin venu de révéler le trésor caché depuis des siècles.

Lorsqu'ils ouvrirent le coffre, ils furent éblouis par son contenu : des pièces d'or scintillantes, des bijoux en argent et en émeraude, et un parchemin ancien avec une note de remerciement envers ceux qui le trouveraient. Le trésor des pirates était enfin révélé.

Margot et Pierre décidèrent de partager leur découverte avec les autorités locales, espérant que le trésor serait préservé pour les générations futures. Ils avaient trouvé bien plus qu'un trésor matériel ; ils avaient découvert une amitié précieuse et une aventure qui resterait à jamais gravée dans leur mémoire.

Au fil des années, Margot continua à visiter la côte bretonne, sachant qu'elle avait trouvé bien plus que des trésors cachés dans ces paysages accidentés. Elle avait trouvé l'amour de la mer, de l'histoire et de l'amitié, qui avaient transformé sa vie de manière inoubliable.

The Secrets of the Breton Coast

Margot Clément had always been fascinated by the wild beauty of the Breton coast. Hailing from Paris, she decided to take a well-deserved break from her bustling city life and head to Brittany for a summer vacation. Roscoff, a small Breton port town, was her chosen destination.

As she arrived in Roscoff by train, Margot was immediately captivated by the town's authentic atmosphere. Cobbled streets were lined with stone houses topped with thatched roofs, and the salty sea breeze filled her lungs. She had booked a small room in a picturesque guesthouse near the harbor.

On her first evening, Margot strolled along the harbor, watching fishing boats return with their precious hauls of fresh seafood. The smell of the sea and the sound of waves gently breaking on the shore filled her with deep serenity.

The next morning, Margot decided to explore the surroundings. She followed a hiking trail that ran along the rugged coast, offering spectacular views of the Atlantic Ocean. As she walked, she noticed a majestic lighthouse perched atop a cliff. Intrigued, she decided to get closer to admire it.

Upon reaching the lighthouse, she found a keeper, a man whose face bore the weathered marks of a life by the sea. He introduced himself as Pierre, the lighthouse keeper for decades. Pierre was a quiet man, but his blue eyes reflected a profound knowledge of the sea and its mysteries.

Margot spent long hours chatting with Pierre, listening to his tales of raging storms, sea legends, and shipwrecks. She was captivated by his stories and felt a strange connection to this solitary man.

Over the days, Margot and Pierre became friends. They shared meals of fresh seafood and spent evenings gazing at the stars from the lighthouse. One evening, as they discussed local legends, Pierre mentioned an old tale of hidden treasure in the waters off the Breton coast.

According to the legend, a mysterious treasure had been hidden by pirates in a secret cave centuries ago. It was said that the map leading to the treasure had been divided into three pieces, and each fragment had been hidden in a different location along the coast. Pierre had always been obsessed with this legend but had never dared to pursue it.

Margot, eager for adventure and intrigued by the story, offered to help him locate the map fragments and uncover the treasure's mystery. Pierre, initially hesitant, eventually accepted her offer, and the two of them embarked on a captivating quest.

Margot and Pierre spent weeks exploring the Breton coast in search of the map fragments. They climbed steep cliffs, delved into hidden caves, and deciphered ancient inscriptions on rocks. Each discovery brought them closer to their goal.

The first fragment of the map was found in a secluded cave behind a roaring waterfall. The second fragment was hidden atop a cliff near an ancient Celtic menhir. The last fragment, the most challenging to find, lay at the bottom of the sea in an underwater cave. Margot and Pierre had to use their courage and diving skills to retrieve it.

When the three fragments were finally reunited, Margot and Pierre carefully examined the reassembled map. It indicated a specific location on the coast, not far from the lighthouse where they had met. Armed with picks and shovels, they dug deep into the sand near an old oak tree, as the map suggested.

After hours of effort, their shovels struck something hard. They carefully cleared away the sand and uncovered a wooden chest adorned with pirate symbols. The moment had finally come to reveal the treasure hidden for centuries.

As they opened the chest, they were dazzled by its contents: shimmering gold coins, silver and emerald jewelry, and an ancient parchment with a note of thanks to those who would find it. The pirate's treasure was finally revealed.

Margot and Pierre decided to share their discovery with local authorities, hoping the treasure would be preserved for future generations. They had found much more than material treasure; they had discovered a precious friendship and an adventure that would forever be etched in their memories.

Over the years, Margot continued to visit the Breton coast, knowing that she had found much more than hidden treasures in those rugged landscapes. She had found a love for the sea, history, and friendship that had transformed her life in an unforgettable way.

La Colonie Martienne

L'année était 2132, et l'humanité avait accompli un exploit extraordinaire : la colonisation de Mars. Une colonie autosuffisante appelée "Nouvelle Terre" avait été établie sur la surface de la planète rouge. Parmi les premiers colons se trouvait le jeune ingénieur, Lucas Moreau.

Lucas avait été choisi pour rejoindre la colonie en tant que spécialiste en énergie solaire. Il avait toujours été fasciné par Mars et avait rêvé de participer à cette aventure historique. Lorsqu'il posa le pied sur Mars, il fut émerveillé par la beauté désertique et hostile de la planète.

La vie sur Mars était un défi quotidien. La colonie était entièrement dépendante de l'énergie solaire pour alimenter ses systèmes vitaux, mais les tempêtes de poussière fréquentes pouvaient obscurcir le soleil pendant des jours. Lucas et son équipe devaient constamment innover pour maximiser l'efficacité des panneaux solaires.

L'eau était une ressource précieuse, extraite des glaces souterraines. L'atmosphère martienne était fine et dépourvue d'oxygène, obligeant les colons à vivre sous des dômes pressurisés. Malgré ces défis, Lucas était déterminé à contribuer à la prospérité de Nouvelle Terre.

Un jour, alors que Lucas travaillait à l'extérieur du dôme, il découvrit quelque chose d'étonnant. En creusant pour inspecter les câbles électriques, il mit au jour une ancienne cavité souterraine. À l'intérieur, il trouva des pétroglyphes et des gravures, des signes d'une civilisation martienne disparue depuis des millénaires.

Lucas informa immédiatement les responsables de la colonie de sa découverte. Une équipe de scientifiques fut dépêchée pour étudier les ruines, tandis que Lucas continuait à explorer la cavité. Ce qu'il découvrit allait changer le destin de la colonie.

Au fond de la cavité, Lucas trouva une étrange tablette martienne. Elle était couverte d'inscriptions mystérieuses, un code que personne ne pouvait déchiffrer. Lucas était convaincu qu'elle contenait des informations vitales pour la colonie.

Avec l'aide d'experts linguistes de la Terre, Lucas commença à décrypter la tablette. Il découvrit qu'elle contenait les plans d'une technologie avancée d'extraction d'eau de l'atmosphère martienne. Cette technologie révolutionnaire permettrait de fournir une source d'eau abondante pour la colonie, éliminant ainsi la dépendance aux glaces souterraines.

Grâce aux plans de la tablette, Lucas et son équipe réussirent à mettre en œuvre la nouvelle technologie. La colonie de Nouvelle Terre prospéra comme jamais auparavant, et Mars devint un endroit plus hospitalier pour les colons.

La découverte de Lucas ouvrit la porte à de futures explorations et découvertes sur Mars. Les colons avaient maintenant la possibilité de bâtir un avenir radieux sur cette planète autrefois inhospitalière.

Lucas Moreau, l'ingénieur intrépide, était devenu un héros de la colonie martienne, un pionnier qui avait contribué à transformer une vision en réalité. La colonie de Nouvelle Terre était le point de départ d'une nouvelle ère pour l'humanité, où les étoiles semblaient soudainement plus à portée de main.

The Martian Colony

The year was 2132, and humanity had achieved an extraordinary feat: the colonization of Mars. A self-sustaining colony named "New Earth" had been established on the surface of the red planet. Among the first colonists was the young engineer, Lucas Moreau.

Lucas had been chosen to join the colony as a specialist in solar energy. He had always been fascinated by Mars and had dreamed of participating in this historic adventure. When he set foot on Mars, he was awestruck by the harsh and barren beauty of the planet.

Life on Mars was a daily challenge. The colony was entirely dependent on solar energy to power its vital systems, but frequent dust storms could obscure the sun for days. Lucas and his team had to constantly innovate to maximize the efficiency of the solar panels.

Water was a precious resource, extracted from underground ice. The Martian atmosphere was thin and devoid of oxygen, forcing the colonists to live under pressurized domes. Despite these challenges, Lucas was determined to contribute to the prosperity of New Earth.

One day, while Lucas was working outside the dome, he made an astonishing discovery. While digging to inspect electrical cables, he uncovered an ancient underground cavity. Inside, he found petroglyphs and engravings, signs of a Martian civilization that had disappeared millennia ago.

Lucas immediately informed the colony's authorities of his discovery. A team of scientists was dispatched to study the ruins, while Lucas continued to explore the cavity. What he found would change the fate of the colony.

At the bottom of the cavity, Lucas found a strange Martian tablet. It was covered in mysterious inscriptions, a code that no one could decipher. Lucas was convinced that it contained vital information for the colony.

With the help of linguistics experts from Earth, Lucas began deciphering the tablet. He discovered that it contained plans for advanced technology to extract water from the Martian atmosphere. This groundbreaking technology would provide an abundant water source for the colony, eliminating the dependence on underground ice.

Thanks to the plans on the tablet, Lucas and his team successfully implemented the new technology. The New Earth colony thrived as never before, and Mars became a more hospitable place for the colonists.

Lucas's discovery opened the door to future explorations and discoveries on Mars. The colonists now had the opportunity to build a bright future on this once-harsh planet.

Lucas Moreau, the fearless engineer, had become a hero of the Martian colony, a pioneer who had helped turn a vision into reality. The New Earth colony was the starting point for a new era for humanity, where the stars suddenly seemed closer at hand.